D0646003

LA CHUTE
D'EAU

REPAIRE
DES DRAGONS

LA GROTTE DU
VIEIL HOMME

DEREN
GARD

LA SOURCE
D'EAU CHAUDE

FERME DE
MAMIE BEN

TAVERNE DE
BARRELHAVEN

CHAMP DE
BATAILLE
DE KNOTT

LE CHAMP
DE FOIRE

N
O   E
S

LA RAVIN

La Vallée

BONE

LE CHASSEUR DE DRAGONS

PAR JEFF SMITH
ENCRÉ PAR STEVE HAMAKER

TRADUIT DE L'AMÉRICAIN PAR ANNE CAPURON

AVENTURE

Paru sous le titre original de : *The Dragonslayer*

Ce livre est une production de Scholastic, Graphix Inc.

Publié par **PRESSES AVENTURE**, une division de
LES PUBLICATIONS MODUS VIVENDI INC.
55, rue Jean-Talon Ouest, 2ᵉ étage
Montréal (Québec)
Canada H2R 2W8

Dépôt légal - Bibliothèque et Archives nationales du Québec, 2007
Dépôt légal - Bibliothèque et Archives Canada, 2007

ISBN 978-2-89543-567-9

Nous reconnaissons l'aide financière du gouvernement du Canada par l'entremise du Programme d'aide au développement de l'industrie de l'édition (PADIÉ) pour nos activités d'édition.

Gouvernement du Québec — Programme de crédit d'impôt pour l'édition de livres — Gestion SODEC

TABLE DES MATIÈRES

LES PERSONNAGES PRINCIPAUX

FONE BONE

PHONCIBLE P. BONE,
COMMUNÉMENT APPELÉ
PHONEY BONE

SMILEY BONE

MANGEUR DE BÂTONS

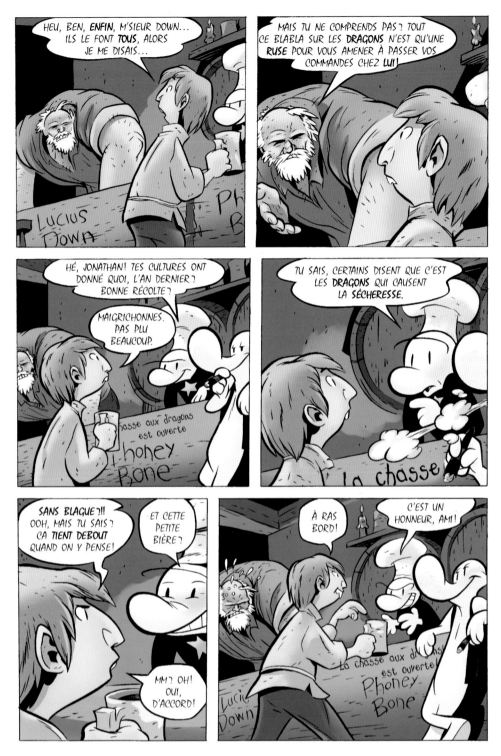

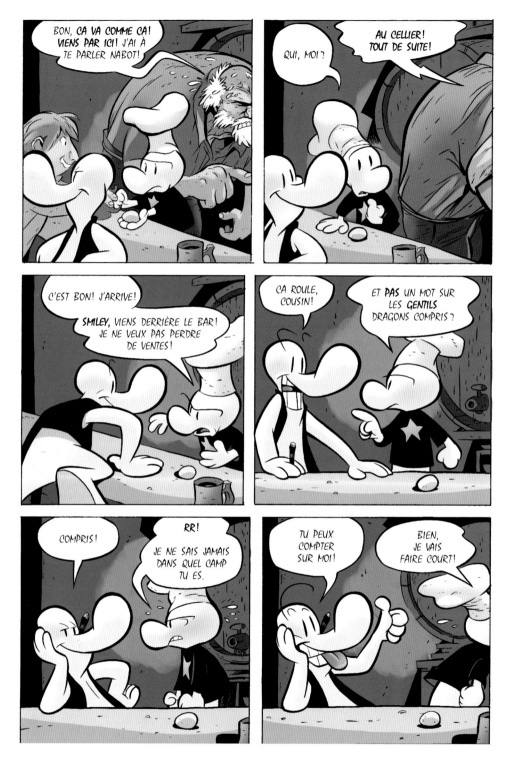

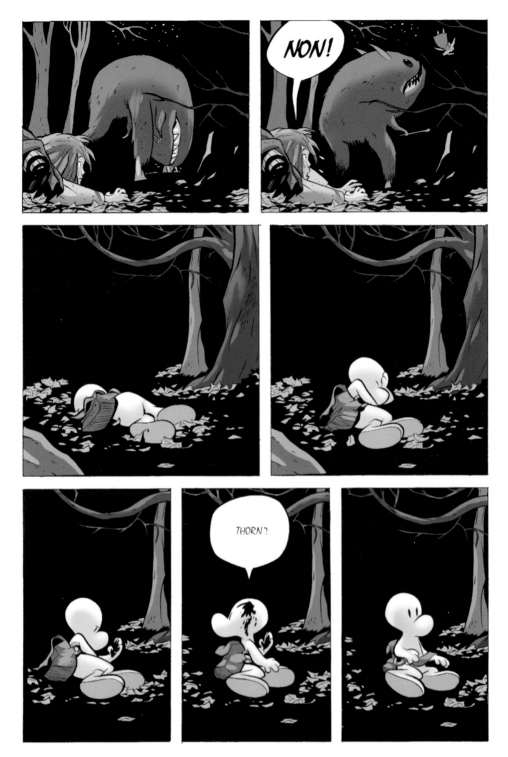

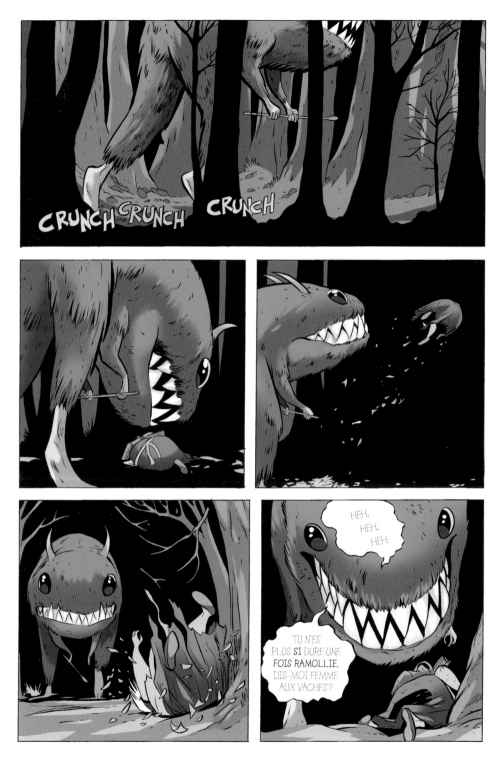

LA TERRE...

...ET LE CIEL...

CE N'EST PAS PARCE QUE TU ES UNE PRINCESSE QU'ON T'A CACHÉE, MAIS PARCE QUE TU ES LA **VENI-YAN-CARI**, L'**ÉVEILLÉE**! ET TU AS UN **TERRIBLE** CHEMIN DEVANT TOI.

MAMIE?

LA **VENI-YAN-CARI** PEUT ALLER LIBREMENT DU **MONDE DES RÊVES** AU **MONDE ÉVEILLÉ**! LES SERVITEURS DU SEIGNEUR DES CRIQUETS SONT À **TA RECHERCHE..**

WHOA! MAMIE! QU'EST-CE QUE TU **RACONTES**?

ILS DEVRONT ME PASSER SUR LE **CORPS** EN PREMIER!

HMM.

TU SERAS À SES CÔTÉS, BONE, ET CELA ME RÉCONFORTE... MAIS TU NE SERAS **PAS** DANS LES RÊVES! DANS LES RÊVES, THORN SERA SEULE.

LES RÊVES? CE N'EST PAS LE NOM QU'ON DONNE À L'**ANCIEN TEMPS**?

TU AS DÉJÀ **ENTEN-DU** PARLER DE ÇA?

C'EST L'ANCIEN TEMPS, MAIS IL EXISTE ENCORE. IL EST TOUT AUTOUR DE NOUS.

C'EST UN **BOURDONNEMENT** QUE TOUS LES ANIMAUX ET TOUS LES ARBRES ÉCOUTENT ENCORE. IL N'Y A QUE **NOUS** QUI NE POUVONS PLUS L'ENTENDRE.

SAUF EXCEPTION.

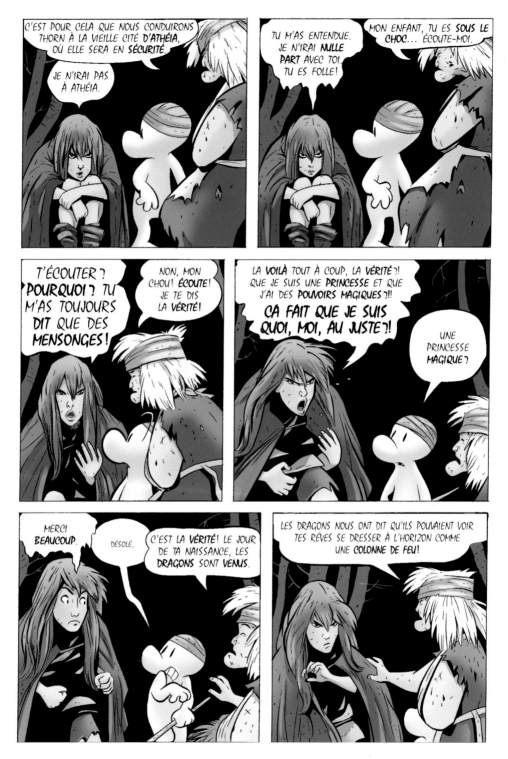

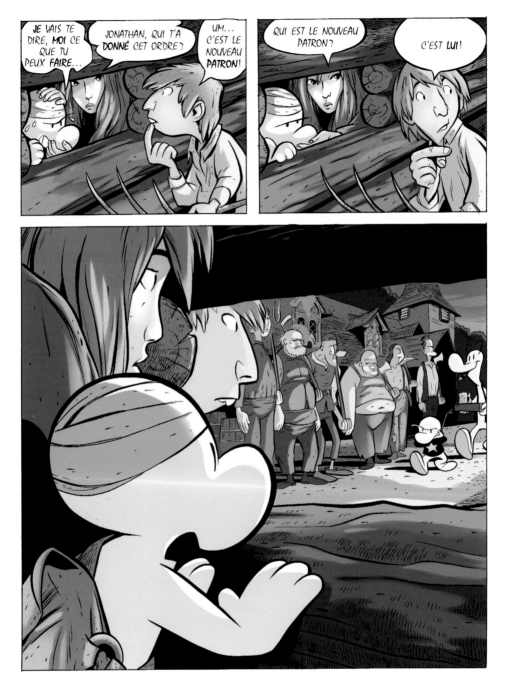

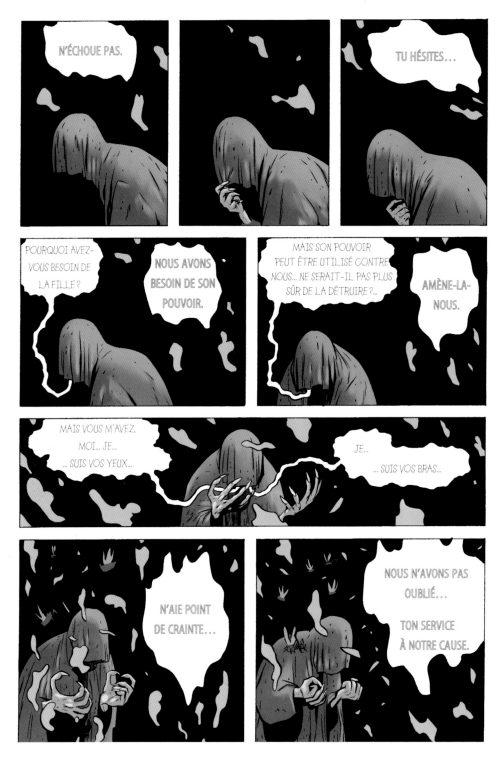

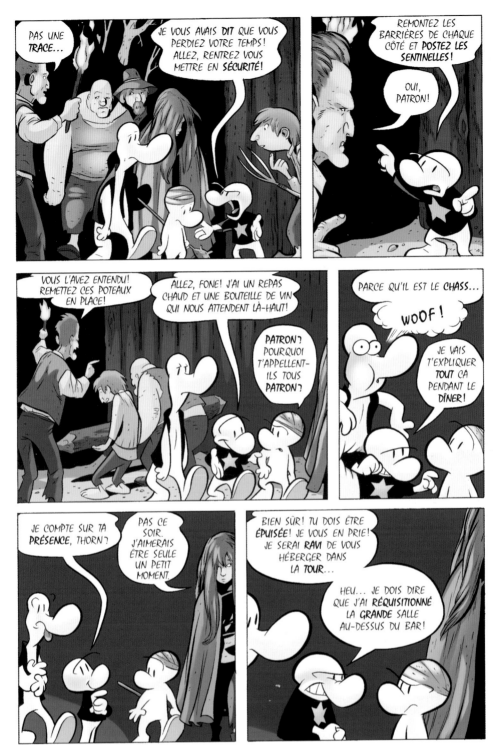

LE RETARDATAIRE

LE CHASSEUR DE DRAGONS

LE RETARDATAIRE

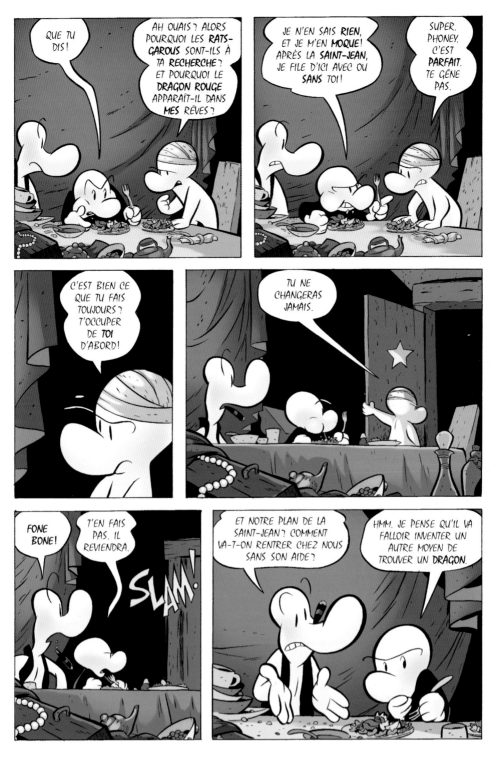

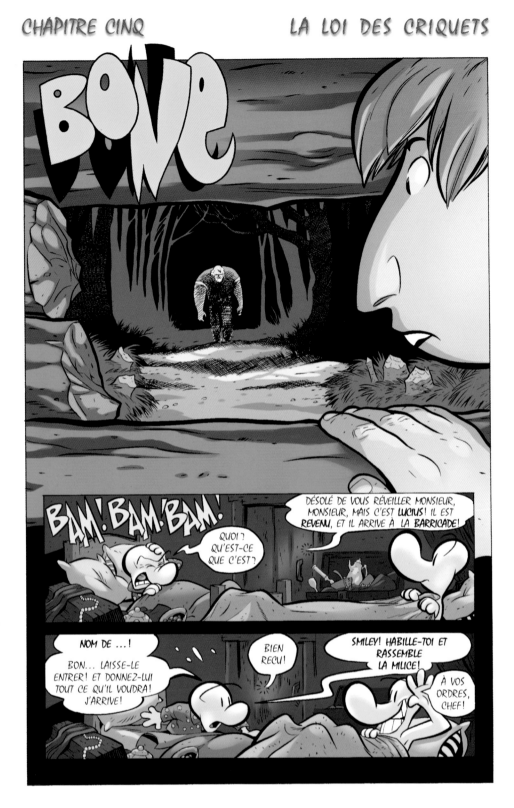

LA LOI DES CRIQUETS

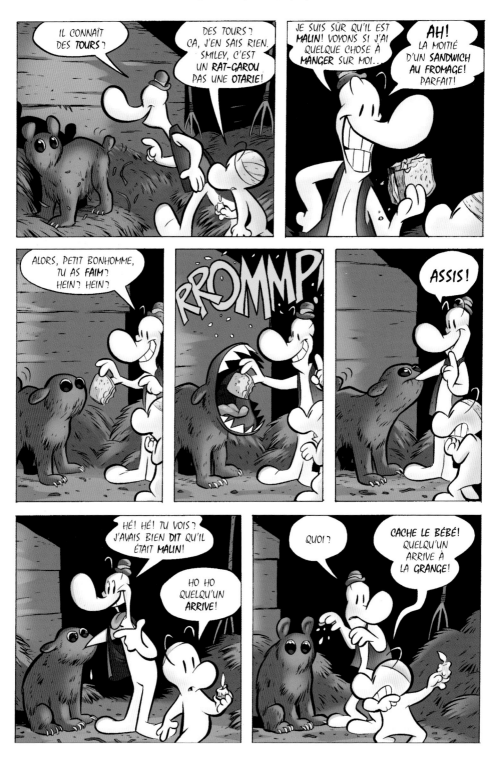

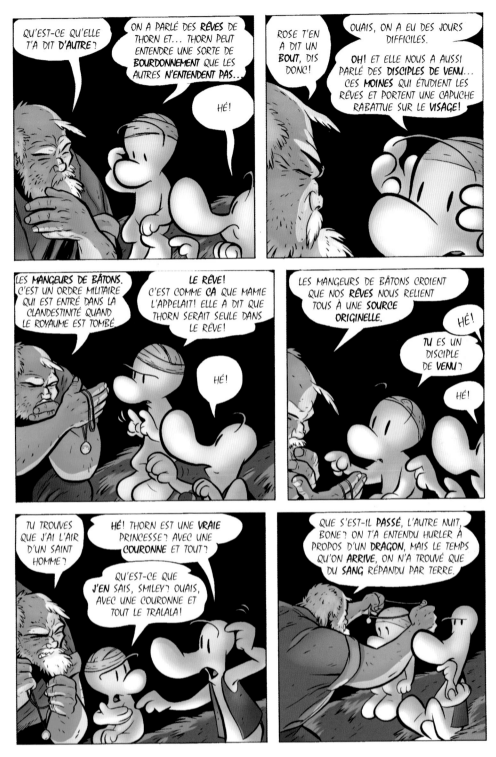

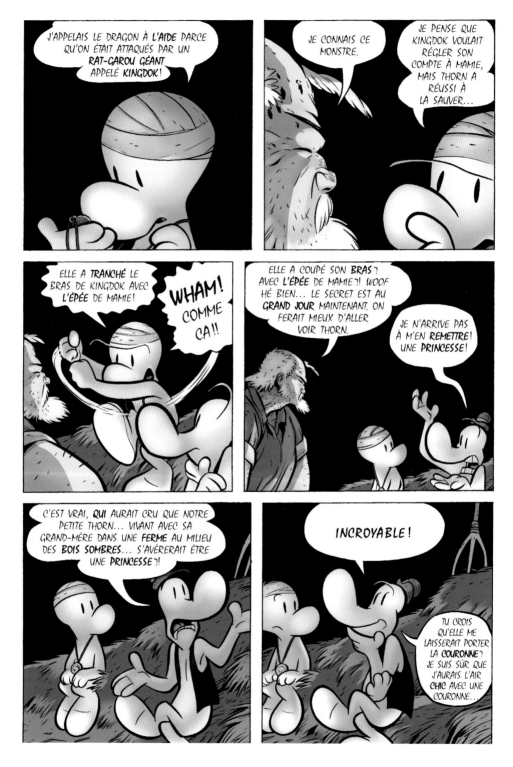

LE CHASSEUR DE DRAGONS

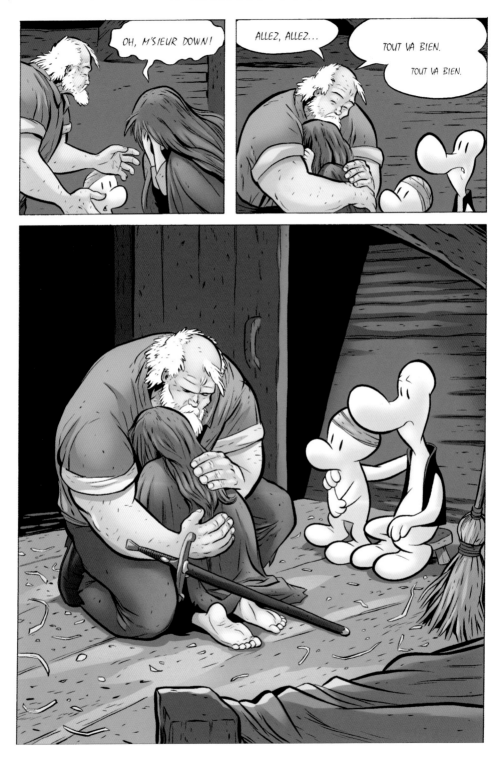

LA LOI DES CRIQUETS

LE CHASSEUR DE DRAGONS

STRATÉGIE D'ÉTÉ

LE CHASSEUR DE DRAGONS

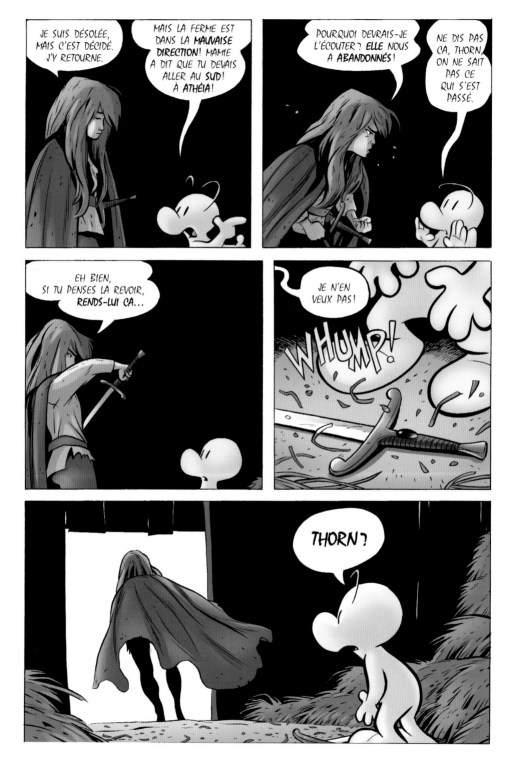

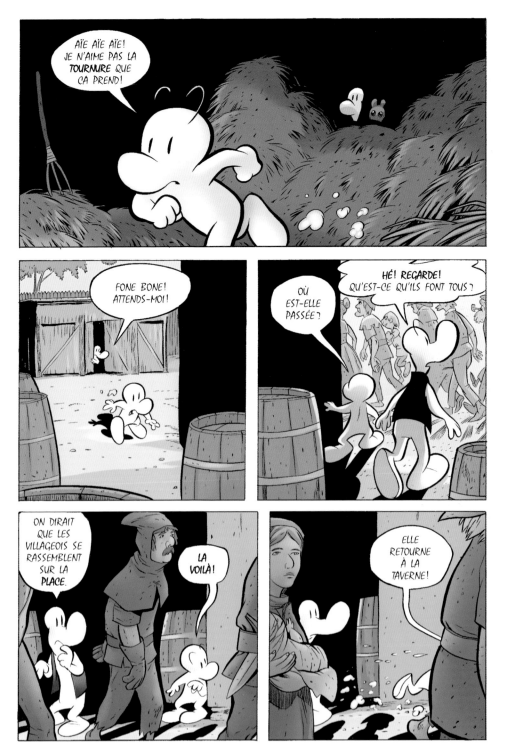

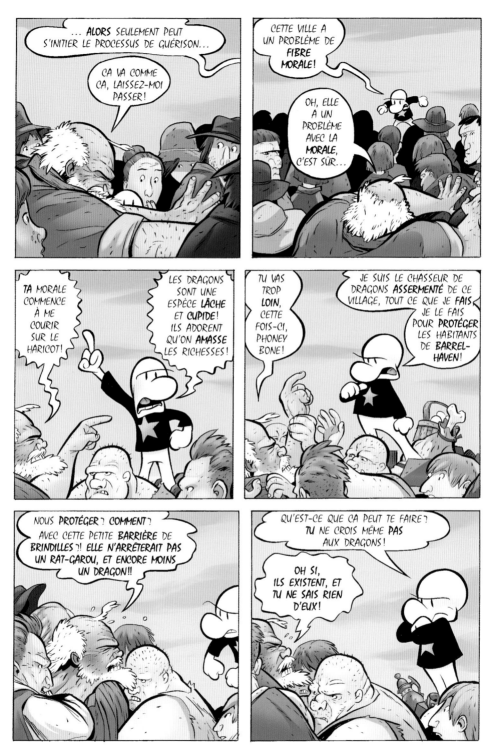

LE CHASSEUR DE DRAGONS

LE TOURNANT

LE TOURNANT

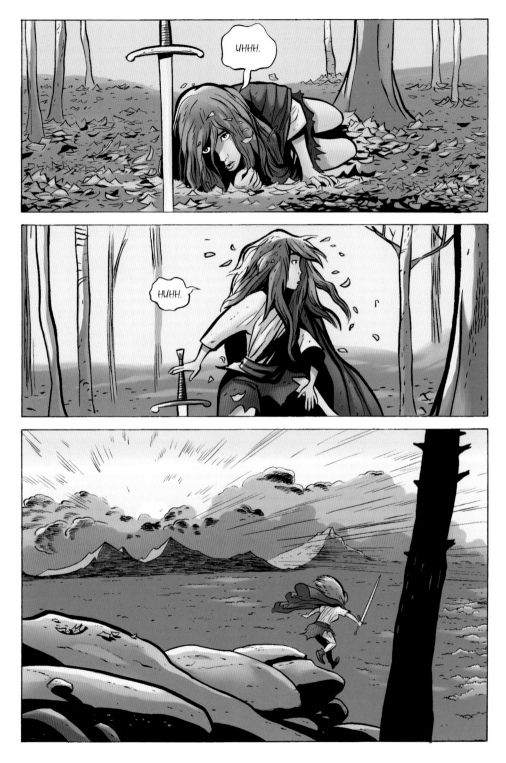

LA MARCHE DU DRAGON

LA MARCHE DU DRAGON

LA MARCHE DU DRAGON

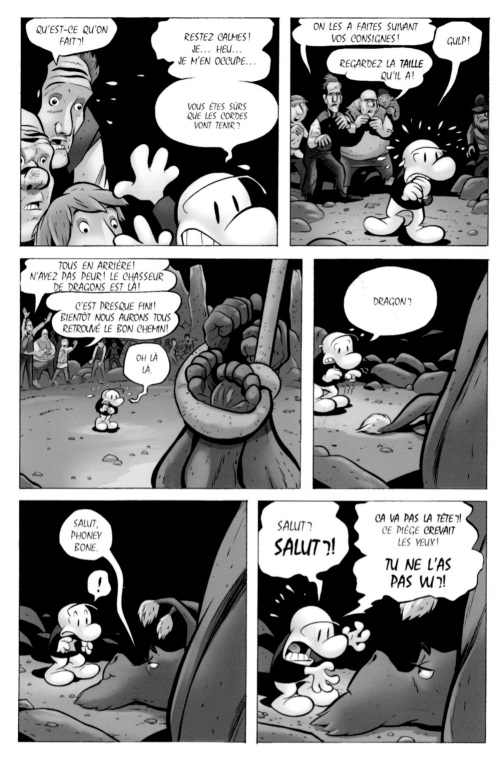

LA MARCHE DU DRAGON

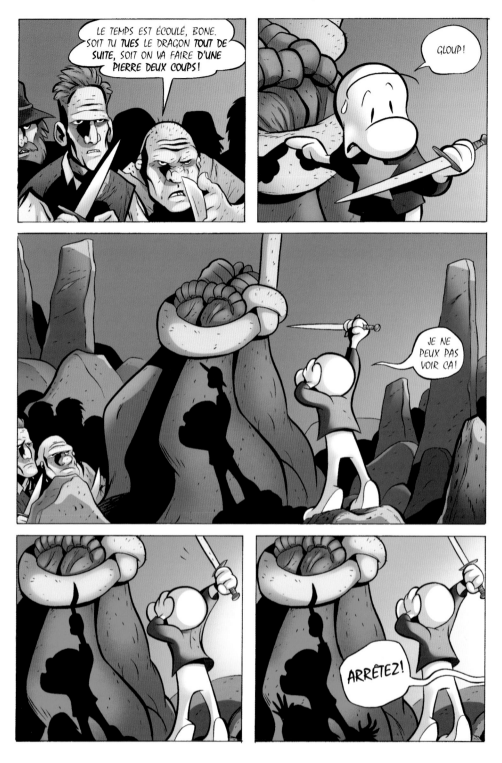

LE CHASSEUR DE DRAGONS

...À SUIVRE.

L'AUTEUR

Jeff Smith est né et a grandi dans le Midwest américain. Il a appris l'art du dessin humoristique en s'inspirant de bandes dessinées, de livres de contes illustrés et de dessins animés présentés à la télévision. Pendant quatre ans, il a créé des bandes dessinées pour le journal étudiant de l'université de l'Ohio. En 1986, il a été cofondateur du studio d'animation **Character Builders**. C'est en 1991 qu'il a publié le premier numéro de la bande dessinée **BONE**. Tout en travaillant à la production de **BONE** et à la réalisation d'autres projets d'animation, Jeff Smith a consacré beaucoup d'énergie à la promotion de la bande dessinée et du roman illustré à l'échelle internationale.

À PROPOS DE BONE

BONE, une bande dessinée qui sort des sentiers battus, est devenue un classique instantané dès la parution du premier numéro en 1991. Depuis, **BONE** a reçu 38 prix internationaux et a été traduit en quinze langues. Il est vendu à des millions d'exemplaires. Les neuf numéros de **BONE** sont actuellement imprimés en couleur par Presses Aventure. Ne manquez pas les prochaines aventures des cousins Bone dans Le seigneur des marches de l'est.